D1731399

„Ich werde meinen Mund öffnen,
ich werde mein Herz öffnen."

Tobias Federsel

# A, B, See
## Buchstabieren für Anemonen

# INHALT.

## WEISST DU,
## WIE DER HIMMEL SCHMECKT?

Fisch, Qualle und Anemone sitzen zusammen und reden übers Leben. „Letzte Woche", erzählt der Fisch, „hab ich ganz viel Anlauf genommen und bin durch die Wasseroberfläche gestoßen. Ich hab' die Kiemen zusammengekniffen und bin mit ausgebreiteten Flossen durch den Himmel gesegelt." Die Qualle und die Anemone sind sprachlos. Der Himmel ist für Meerestiere eine ganz tolle Sache. Schließlich beginnt der Himmel für die da unten gleich an der Wasseroberfläche – also eigentlich gleich nebenan, aber doch so weit weg. Und für manche offenbar unerreichbar.

„Für mich wäre das nichts", sagt die Qualle, „ich hab ja gar keine Kiemen zum Zusammenkneifen." Die Anemone nickt und wirft einen flüchtigen Blick auf den Stein, an den sie sich festgewachsen hat.

## DAS HOHE F VON WALLENDORF.

Jeden Abend, jeden gottverdammten Abend saßen sie da. Die Hummeln in ihren schwarzen Rollkragenpullis. Mit ihren Weingläsern, die sie kennend im Takt der Musik schwenkten. Mit geschlossenen Augen
und einem Lächeln auf ihren schmalen Lippen. „Bring it on, yeahhh!" war von Zeit zu Zeit zu hören. Eine
Aufforderung, die sich die Gäste meist selbst zuhauchten, denn auf der Bühne war Tomek, auch genannt
„Tomek, die Trompete", so sehr in sich vertieft, dass er von all dem nichts merkte. Vierzehn Jahre stand
der hagere Heuschreckenmann jetzt schon Abend für Abend auf dieser kleinen Bühne. Er kannte sie wie
seine Westentasche. Es war der einzige Platz im Lokal, an dem er sich wenigstens ein bisschen wohlfühlte.
Den speckigen Ledersesseln und den mit Kerzenwachs überzogenen schwarzen Holztischen konnte er
nie etwas abgewinnen. Er saß auf seinem Klappstuhl und spielte, was ihm gerade einfiel. Oscar Wilde
soll einmal gesagt haben: „Entweder diese Tapete geht oder ich." Tomek wollte sich der Tapete nicht ge-
schlagen geben. Keine Einrichtung der Welt sollte ihn von dieser Bühne bringen, aus diesem Club jagen.
Es war „seine" Bühne. Tomek wusste auch, dass sein berühmtes Hohes F wahrscheinlich nur in diesen
Räumlichkeiten seine volle Kraft ausüben konnte. Ob es die Akustik war oder einfach nur die Umgebung,
die ihn, den Trompeter, zu dieser Klanggewalt ansporcnte? Er wusste es nicht und es war auch unerheblich.
Wichtig war, dass es dieser Ton war, der die Hummeln jeden Abend nach Wallendorf pilgern ließ.
Nur, um für einen kurzen Moment – wenn Tomek sein hohes F spielte – einen Augenblick vollkommenen
Glücks zu empfinden. Dafür saßen sie stundenlang auf speckigen Sessel, ruinierten mit dem Wachsbelag
der Tische die Ärmel ihrer teuren Rollkragenpullis und tranken letztklassigen Wein aus abgeschlagenen
Gläsern. „Dafür lohnt es sich zu sterben", hatte ein Gast einmal in die Wachsschicht eines Tisches in der
hinteren Reihe geritzt. Und in einer anderen Handschrift stand darunter: „Oder zu leben."

„Ich habe es satt, ein Maulwurf zu sein.
Ich finde mich hässlich.“

## MAULWURF, SCHNEIDER,
## GERN GESCHEHEN.

Horst geht zum Schneider. „Geben Sie mir ein neues Ich", sagt er. „Ich habe es satt, ein Maulwurf zu sein. Ich finde mich hässlich." Der Schneider bietet Horst ein Zuckerl mit Engerling-Geschmack an und beginnt mit einem Zollstab Maß zu nehmen. Dabei erzählt er ganz beiläufig: „Ein gewisser Graf Giacomo Leopardi hat einmal gesagt: *Ich habe geweint, weil ich keine Schuhe hatte, bis ich einen traf, der keine Füße hatte.*" Pause. „Welche Schuhgröße hast du?" Der kleine Maulwurf Horst lutscht nachdenklich an seinem Engerling-Bonbon. Die Sache mit den Füßen hat ihn ziemlich beeindruckt. „Ich möchte nach Lampedusa!" strahlt er den Schneider an. Maulwürfe sind einfach gestrickt und verlieren in einem Gespräch leicht den Faden.

„Auf Wiedersehen", ruft Horst dem Schneider zu. „Gute Reise!", sagt der Schneider.
Und als der Maulwurf außer Hörweite ist, fügt er hinzu: „Gern geschehen."

**ASSELN HABEN KEIN GEDÄCHTNIS.**

Die kleine Assel Agathe wohnt in einem Zelt bei Stockhom. Nicht zu verwechseln mit Stockholm,
das viel weiter nördlich liegt. Stockhom findet man auf fast keiner Landkarte. Nur auf ganz kleinen.
Manche behaupten sogar, Stockhom würde es gar nicht geben, aber das stimmt so auch nicht ganz,
denn sonst würde die Assel Agathe auch nirgendwo zuhause sein und das will niemand. Schließlich
braucht jeder ein Heim. Und eine Assel erst recht. Agathe hat früher mit Massimo zusammengelebt.
Sie haben sich das kleine Ein-Assel-Zelt liebevoll geteilt. Massimo ist zwar ein Schmetterling und daher
besonders schlecht auf enge Räume zu sprechen, aber Massimos Liebe zu Agathe war so groß, dass er
eigentlich nie wirklich über das kleine Zelt nachgedacht hat. Es hat ihn einfach nie gestört.
Agathe und Massimo sind seit ein paar Monaten getrennt. Agathe hat nichts mehr von ihm gehört,
seit sie den Kontakt abgebrochen haben. Angeblich ist er nach Spanien gegangen und vermietet dort
leer stehende Honigwaben an Urlauberbienen – kann aber auch nur ein Gerücht sein. Wladimir vom
Acker gegenüber behauptet, Massimo vor kurzem im großen Kartoffelfeld gesehen zu haben. Wladimir
behauptet aber auch, dass die Welt eine Kugel ist. Also kann man denken, was man will. Die Assel
Agathe verschwendet schon lange keine Gedanken mehr an ihren ehemaligen Liebhaber. Asseln haben
kein Gedächtnis. Und Schmetterlinge leben sowieso nur ein paar Monate.

Nummer 7 Fleischfarbe hat Tränen in den Augen.

**OKAY, MÄNNER.**
**HIER IST DER PLAN.**

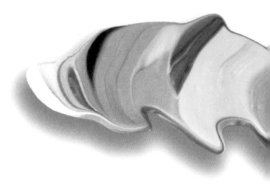

„Wir kaufen der Welt eine Haube, ziehen sie warm an." Schweigen. Ganze drei Wochen haben die Buntstifte in der alten Blechdose am Schreibtisch auf den Fluchtplan gewartet. Wie oft wurden sie von dem abgebissenen Stift Nummer 18 Asphaltgrau vertröstet. Fast schon hingehalten. „Gut Ding braucht Weile", hat er immer gesagt. „Ich hol' euch hier raus, keine Angst, aber ohne Plan läuft gar nichts. Ich weiß schon, was ich tue." Und jetzt das. Eine Haube? Hat er den Verstand verloren? „Entschuldige, woher sollen wir so viel Geld hernehmen? Und was passiert, wenn die Welt dann eine Haube hat? Kommen wir dann hier raus, so wie du es versprochen hast?" Nummer 7 Fleischfarbe hat Tränen in den Augen. „Du hast doch gesagt, wir werden mit Delfinen schwimmen gehen ..." Auch das Ultramarinblau meldet sich zu Wort: „Das Meer, ich wollte doch so gerne einmal das Meer sehen!"

Jeder ist seines eigenen Glückes Schmied. Aber erklär' das mal einem Buntstift.

„In Wahrheit gibt es sieben Himmelsrichtungen:
Norden, Süden, Osten, Westen, Oben, Unten und nach Innen."

**DIE BIENENBIBEL.**

Sie war eine Führerbiene. Das war in dem Moment klar, in dem sie mit einem geknickten Fühler aus ihrer Wabe kroch und schon wenige Stunden später die Hälfte aller frisch geschlüpften Bienen sich unbedingt auch einen Fühler nach hinten knicken wollte. Die Biene Evelyn war von Beginn an das Maß aller Dinge. Und sie war es auch, die an verregneten Tagen im Bienenstock von alten Bienenbräuchen erzählte, die es nie gegeben hatte, die aber nach und nach plötzlich in den Alltag der Bienen Einzug fanden. Einmal erzählte sie: „Und früher, wann immer eine Biene zur Welt kam, wurde sie gleich in den ersten Augenblicken ihres Lebens von allen Stammesmitgliedern herumgereicht und mit einem Satz begrüßt: *Wir lieben dich und wir werden dir auf deiner Reise beistehen.* Wisst ihr, alles ist eine Reise. Und selbst der, der sein irdisches Leben lang still sitzt, macht eine Reise. Durch sich selbst. Oder durch die Zeit, die er still sitzt. Oder eben durch die Bienen, die ihm begegnen. Und wisst ihr, mit welchem Satz die Bienen früher ihre Toten verabschiedet haben? *Wir lieben dich und wir werden dir auf deiner Reise beistehen.* Der Tod ist nämlich nichts anderes, als wenn man von einer Blume zur anderen fliegt. Es gibt so viele Leben wie es Blumen gibt. Und Blumen gibt es so viele wie Sommer. Versteht ihr, was ich meine?"

Evelyn hat viele schöne Gedanken unters Bienenvolk gebracht und mit ihren Visionen vielen Bienen – auch noch Generationen nach ihr – so etwas wie einen Glauben gegeben. An eine Welt, die über die Kanten einer Wabe hinausgeht. So meinte sie einmal: „In Wahrheit gibt es sieben Himmelsrichtungen: Norden, Süden, Osten, Westen, Oben, Unten und nach Innen."

**IN DIE RINDE GERITZT.**

Lieber Mond
Danke, für alles

Deine Eule Eleonore

„Oberflächlich bin ich selber", sagt der Wasserläufer.

**DER WASSERLÄUFER IM T-SHIRT.**

Zugegeben, ich war nicht sehr freundlich. Aber was kann man um acht Uhr morgens an einer Bushaltestelle schon erwarten? Noch dazu bei dem Regen. „Entschuldigen Sie, ich denke, Sie sollten etwas wissen", wiederholte der Wasserläufer, der mit seinem Bein unentwegt an mein Knie klopfte und damit langsam zu nerven begann. Er trug ein blaues T-Shirt mit fetten weißen Buchstaben auf der Brust. „Oberflächlich bin ich selber", stand da zu lesen.

Er räusperte sich, strich sich mit einem Fühler über sein nasses Gesicht und sagte: „Sie sollten wissen, es gibt drei Arten von Menschen. Solche, die unbeweglich sind. Solche, die beweglich sind. Und solche, die sich bewegen ..." Für einen kurzen Augenblick starrten wir beide hinaus auf den Regen. Weit ins Nichts. Und wir schwiegen. Sollte ich ihm Recht geben? Oder gar nicht darauf eingehen, sondern mich entschuldigen und zu Fuß zur nächsten Haltestelle gehen? Der Regen war ein bisschen schwächer geworden. Ich blickte noch einmal auf sein T-Shirt. *Oberflächlich bin ich selber.* „Man könnte eigentlich genauso gut sagen, dass es Menschen ...", wollte ich ansetzen, da unterbrach mich der Wasserläufer: „Auf Wiedersehen und einen schönen Tag noch!" Ein, zwei elegante Beinbewegungen und er war auch schon auf der anderen Straßenseite, wo er auf der Oberfläche einer großen Wasserlacke souverän um die Ecke surfte.

**ES WAREN IHRE FROSCHBRAUEN.**

„Am Tag deiner Geburt muss es in Strömen geregnet haben – der Himmel weint immer, wenn ein Engel auf die Erde fällt." Das Froschweibchen wendet sich angewidert weg. Noch so eine dämliche Meldung und sie müsse wohl das Lokal verlassen. Warum ausgerechnet sie von so hässlichen Kröten angesprochen wird? Sie weiß es nicht. „Ich könnte in Ihren Froschaugen ertrinken."

Sie zahlt und hüpft nach Hause.

**SALAMANDER SUPERSTAR.**

Viermal hatte er zuhause angerufen. Ganze viermal, aber niemand hat abgehoben.
Und weil seine Freude so groß war und es ihm so sehr auf der Zunge lag, konnte er nicht länger
warten und erzählte es einfach seinem Sitznachbarn in der Straßenbahn.

„Sie haben mich genommen!" Der Mann, der gerade damit beschäftigt war, die Bahn der Regen-
tropfen an der Fensterscheibe zu verfolgen, drehte sich um. „Entschuldigung, was haben Sie gesagt?"
„Sie haben mich genommen! Ich bekomme meine eigene Fernsehsendung", platzte es aus dem
Salamander heraus. Vor lauter Aufregung waren seine gelben Flecken ganz orange geworden.
„Großartig! Wollen Sie mit mir ein Bier trinken gehen?" Das war dem Salamander dann doch ein
bisschen zu viel und er beschloss, bei der nächsten Station auszusteigen und wenigstens bis dahin
keinem mehr von seinem tollen Erfolg zu erzählen. Er war noch nicht einmal ein Star und schon
wollte ein wildfremder Mann mit ihm auf ein Bier gehen. Mit ihm, dem kleinen Salamander.
Es ist schon eine merkwürdige Welt.

Während der Salamander auf die nächste Straßenbahn wartete, blickte er in ein Schaufenster.
Er konnte sich in der Spiegelung selbst sehen: Ja, er hatte nun seine landesweite Fernsehsendung.
Aber er war trotzdem nichts als ein kleiner Salamander. Und plötzlich fiel ihm dieses Lied ein, in dem
eine Frau erzählt, dass sie immer hinter Luxus und Ruhm her war, alles das auch gefunden hat,
ihr aber unterm Strich eigentlich nur ein leeres Leben geblieben war. „I've been to paradise,
but i've never been to me", singt sie da.

Die Straßenbahn fuhr ein, der Salamander sah noch einmal sein Spiegelbild an und beschloss,
diese Textzeile nie vergessen zu wollen. Und als Zweites beschloss er, bei nächster Gelegenheit
zum Frisör zu gehen.

Wenn mein Leben die Antwort ist, was war dann die Frage?

**ICH MUSS DIR WAS SAGEN.**

„Jemand hat einmal gesagt: Wenn mein Leben die Antwort ist, was war dann die Frage? Und ich weiß es jetzt. DU bist es. Und das ist so schön. Wir werden gemeinsam ganz tolle Dinge erleben. Wir werden an windigen Frühlingstagen Wolkenformen erraten und verrückte Bienen kennen-lernen. Im Sommer werden wir Schmetterlinge an den Füßen kitzeln und im warmen Regen um die Wette lachen. Wir werden Schreck-die-Hummel spielen und wir werden ganz viel Spaß haben. Im Herbst werden wir gemeinsam schlafen gehen und uns im Winter unter der Schneedecke spannende Geschichten erzählen. Na ja, langer Rede kurzer Sinn: Ich hab mich unheimlich in dich verliebt", sagt die eine Blume zur anderen.

Und dabei hat sie gar nicht bemerkt, dass die andere Blume noch in ihrer Zwiebel steckt, im Grunde noch gar keine Blume ist und von all dem eigentlich gar nichts verstanden hat.

## ICH HOFFE, WIR STÖREN NICHT.

Heinz, das alte Eichhörnchen, wohnt seit über zwanzig Jahren in einem alten Bauernhof im Waldviertel. Der Hof wurde Ende der Sechzigerjahre aufgelassen. Heinz hat das Gut ziemlich günstig ersteigert, mit viel Liebe renoviert und lebt nun das Leben eines Aussteigers. „Du kannst mit deiner Vergangenheit abschließen, aber deine Vergangenheit schließt nie mit dir ab", sagt er immer dann, wenn die benachbarten Regenbogenforellen mal wieder vorbeikommen und ihn fragen, ob er ihnen die eine oder andere Walnuss öffnen kann.

„Ich, Wampeldüll."

„ICH WILL EIN EI VON DIR."

Er ist kein Vogel großer Worte. War er nie und wird er auch nie sein. „Ich, Wampeldüll", hat er einmal während einer Autofahrt auf die angelaufene Fensterscheibe geschrieben. Sie hat das nicht verstanden – was ihr aber egal war. Sie liebt ihn doch so sehr. Trotzdem. Donnerstagabend hat er gesagt, er will ein Ei von ihr. Sie weiß, dass er sie dann auch heiraten wird. Ganz in Gelb. Eigelb. Angeblich sind wir alle eingeladen.

FC LOBSTER GEGEN SPORTKLUB TAUMELKÄFER.

3. Minute: Foul an Theo Thalhammer, Libero beim Sportklub Taumelkäfer.
Die Nummer 7 des FC Lobster erhält die gelbe Karte.

21. Minute: Schiedsrichter Dornbacher lässt durchzählen. Neun der 36 Taumelkäfer müssen das
Spielfeld verlassen.

56. Minute: Theo Thalhammer liegt noch immer auf dem Rücken. Schiedsrichter Dornbacher
gibt ihm deswegen die grün-blau gestreifte Karte. Thalhammer wird vom Platz getragen.

63. Minute: Zwei Spieler des FC Lobster erhalten ein Fax. Dornbacher verwarnt mit der getupften Karte.

70. Minute: Ein Zuschauer reklamiert, dass sich angeblich keine Tore am Spielfeld befänden.
Auch er erhält die getupfte Karte. Nach weiterem heftigem Einspruch bekommt er auch einen
Osterhasen-Kleber auf die Karte.

72. Minute: Schiedsrichter Dornbacher schießt das erste Tor.

81. Minute: Dornbacher gibt sich selbst die braunfarbene Glitzerkarte mit den goldenen Sternen in der Mitte.

89. Minute: Die Spieler des FC Lobster verlassen auf Grund eines Missverständnisses
eine Minute vor Spielende enttäuscht das Spielfeld.

91. Minute: In der Nachspielzeit trifft die Nummer 9 des Sportklub Taumelkäfer die Latte.

Endstand: Null zu Null zu Eins für Schiedsrichter Dornbacher.

**KURZ MAL VORSTELLEN.**


Man stelle sich vor, ein Bibermann und eine Biberfrau wohnen in ihrem kleinen Biberbau unten am Fluss. Die beiden sind schon seit langer, langer Zeit zusammen und in dem Alter, wo sie schon Großeltern sein könnten. Vielleicht sind sie es auch. Man stelle sich vor, eines Abends kommt er von der Arbeit nach Hause. Und statt dass er ihr wie immer die schönsten Blumen mitbringt, die ihm begegnet sind, bittet er sie, sich doch einmal kurz zu ihm auf die Veranda zu setzen. Dort zeigt er ihr seine zur Faust geschlossene Pfote und meint: „Wir haben den ganzen Tag geübt."
Der Biber öffnet seine Pfote und ein kleiner Borkenkäfer kommt zum Vorschein. „Er ist ein bisschen nervös." Und dann stelle man sich vor, der kleine Käfer zirpt das Lied, bei dem sich der Bibermann und die Biberfrau das erste Mal geküsst haben. Damals.

Ich denke, das wäre ein schöner Moment.

„Fantasie tröstet uns über das hinweg, was wir nicht sein können,
und Humor über das, was wir tatsächlich sind."

**GALAPAGOS GESPRÄCHE.**

Magda XV. hat ihren Namen nicht etwa, weil sie den Namen Magda in der fünfzehnten Generation trägt, sondern weil sie in der Ostbucht der Insel gleich zu Beginn ihrer Schildkröten-Karriere den fünfzehnten Liegeplatz zugeteilt bekommen hat. Den fünfzehnten von links. Schildkröten zählen immer von links. Sie neigen dabei ihren Kopf auch immer ein wenig zur Seite. Weil sie sich konzentrieren müssen. Magda XV. liegt zwischen Adele XIV. und Dorit XVI. Die drei sind mittlerweile sehr gute Freundinnen und reden so ziemlich über alles, was der Tag so bringt. Ab und zu machen sie sich Geschenke. So hat Dorit XVI. letzte Woche ein T-Shirt bekommen. Darauf stand: „Fantasie tröstet uns über das hinweg, was wir nicht sein können, und Humor über das, was wir tatsächlich sind." „Und was trösten wir", hat Adele XIV. schließlich in einem Gespräch eingeworfen, „wenn wir Fantasie und Humor vereinen?" Magda XV. und Dorit XVI. haben dann ihren Kopf ganz langsam zur Seite geneigt. War ja auch eine schwierige Frage.

„Ich bin ja nur ich, weil es ein Du gibt."

"ES WAR EIN GUTER ABEND" WIRD IM TAGEBUCH STEHEN.

Letzte Runde. Noch eine Bestellung. Es wird noch ein Gin Tonic. Man blickt aufs Meer hinaus. Die Sonne ist längst einige Länder unter dem Horizont. „Weißt du", sagt der eine Dachs zum anderen, „wärst du nicht da, wäre ich kein Ich. Ich bin ja nur ich, weil es ein Du gibt." Minuten vergehen. Der letzte Gin Tonic wird gebracht. Man trinkt aus, zahlt und geht. Und man hat Recht.

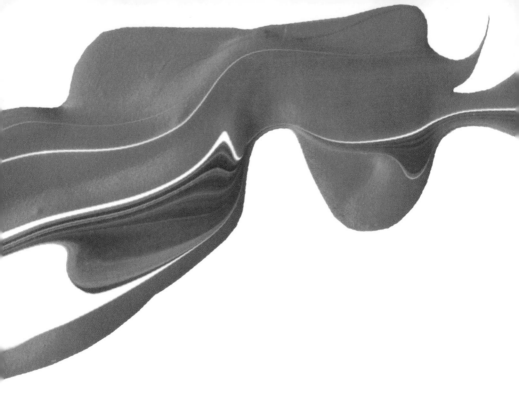

## ALLES GUTE ZUM GEBURTSTAG, REGENWURM.

Regenwurm hat heute Geburtstag. Es ist der dreißigste. Auf der Einladungskarte steht geschrieben:
Wir leben unser Leben vorwärts und verstehen es rückwärts. Kierkegaard hat das einmal gesagt.

Carola ist über 40 Jahre alt und eine alleinstehende Kranichdame. Sie hat lange, sehr schlanke Beine und nie den richtigen Mann gefunden. Sucht aber heute noch. Manche sagen, sie sei verrückt. Aber nicht, weil sie sie kennen, sondern eigentlich nur, weil sie einen Hut aus Moos trägt. Den hat sie sich einmal während eines verregneten Sommers gebastelt.

Der Hut ist wirklich hässlich wie die Nacht schwarz ist, aber er war damals sehr praktisch und heute trägt sie ihn eigentlich nur, weil sie ihm so dankbar ist. Gerade als Carola bei der Bushaltestelle vorbeigeht, sitzen dort zwei Tollkirschen. Sie hat sie schon ein paar Mal gesehen und bemerkt, dass die beiden ja überhaupt nicht miteinander können. Zum Beispiel liebt die eine französischen Wein über alles, während die andere Wein generell blöd findet. Eine sehr unangenehme Situation, und Carola versucht immer, einen Bogen um die beiden zu machen. Heute ist die Stimmung zwischen den Tollkirschen wieder einmal besonders angespannt. Carola wechselt die Straßenseite und sagt zu ihrem Mooshut: „Du bist zwar hässlich wie die Nacht schwarz ist, aber ich hab' dich einfach gern bei mir, weil du mich vor dem Regen beschützt hast und weil man mit dir unglaublich gut schweigen kann." Der Hut aus Moos schweigt. Lächelt aber ein bisschen.

## OLGA WEINBRETT, DIE IM ALL VERSCHWAND.

Dass die einzige Hoffung, die wir haben, die ist, dass die Anziehungskraft der Erde nie aufhören darf zu wirken, das ist vielen nicht bewusst. Wir würden alle das Schicksal der Schneckendame Olga Weinbrett erleiden. Olga Weinbrett war Ballettlehrerin und natürlich hatte sie nicht damit gerechnet, dass auf Grund einer geologischen Anomalie gerade auf dem Stein, auf dem sie eine Sprungfigur vorzeigen wollte, die Gravitation für ein paar Augenblicke aussetzen würde, aber es war so. Sie ist hochgesprungen und nicht mehr runtergekommen. Es war ein nahezu wolkenfreier Tag und man hat Olga Weinbrett noch lange am Himmel erkennen können. Sie soll ganz wunderbar gesprungen sein, sagt man.

„Und wenn ich ihre Flosse halte, spüre ich ihren Puls."

## DAS SEEPFERDCHEN UND SEIN STERN.

Eigentlich wollte der Barkeeper schon schließen, aber das Seepferdchen durfte sich noch einen Virgin Plankton bestellen. Es hatte den ganzen Abend an der Bar gesessen und auf seinen Stern gewartet. *Stern* – so nannte das Seepferdchen seine Freundin. „Wenn wir uns lieben, schmeckt ihr Schweiß nach Limonade. Ich hätte gerne tausend Arme, mit denen ich sie umarmen kann. Ich würde sie so gerne festhalten, aber ich hab' nur meine kleinen Vorderflossen. Wir streicheln uns eben ganz viel", hat das Seepferdchen erzählt. „Manchmal, wenn die Sonne untergegangen ist, suchen wir uns eine kleine Meeresströmung und lassen uns Flosse in Flosse treiben. Wir schließen unsere Augen und hören das Salz im Meer, wir hören das Blubbern, wenn kleine Luftbläschen an unsere Kiemen stoßen. Und wenn ich ihre Flosse halte, spüre ich ihren Puls." Das Seepferdchen begann zu lachen. „Einmal haben wir so getan, als hätten wir Näbel. Wir haben uns gegenseitig einfach kleine Luftbläschen auf die Bäuche geklebt." „Wo ist denn dein Stern?", fragte der Barkeeper – und wusste, dass er sich diese Frage eigentlich selbst stellte.

**AUS DEN BEWERBUNGSUNTERLAGEN EINER LUFTLINIE.**

„... Karin kann besonders gut Kartoffeln nachahmen. Manchmal sitzen wir in unserem Wohnloch unter der Erde und lachen uns tot, wenn Karin so tut, als wäre sie eine Sieglinde."

Hans und Karin Maulwurf

„Warum kann ich mein Wissen nicht fühlen?"

Gestern Mittag ist von der Föhre ein Bockerl auf den Waldboden gefallen. Randvoll mit Samen für viele, viele neue Föhren. Nun liegt es da und weiß, dass es mit ihm vorbei ist. Das Jahr ist um, seine Zeit ist gekommen. „Ich bin der Beginn", sagt das Bockerl. Niemand reagiert. Kein Wunder, es ist niemand da. Nur der Waldboden. Also schaut das Bockerl auf die Erde und sagt: „Ich bin der Beginn, weißt du? Das ist nicht das Ende. Das kann nicht das Ende sein ... Ich hab mich doch das ganze Jahr so bemüht ..." Ein Windstoß fährt über den Waldboden und bläst ein paar trockene Blätter zur Seite. Ein kleiner grüner Föhrensprössling kommt zum Vorschein. Das Bockerl versucht seine Tränen zu unterdrücken. „Ich bin der Beginn von Neuem", sagt es noch einmal zu sich selbst und setzt etwas leiser fort, „Wieso kann ich es nur nicht fühlen?" Langsam beginnt das Bockerl zu weinen. Aus der Trauer wird Verzweiflung, aus der Verzweiflung wird Zorn. „WIESO FÜHLE ICH NICHT, DASS DAS ALLES EINEN SINN HAT? WIESO KANN ICH ES EINFACH NICHT FÜHLEN?! ICH WEISS ES DOCH!" Das Bockerl blickt auf die Föhre, von der es gefallen ist. „WARUM KANN ICH MEIN WISSEN NICHT FÜHLEN?!", schreit es schluchzend hinauf in die Baumkrone.

„Du fühlst es doch", sagt die Föhre.

**WAS DAS BOCKERL DEM WALDBODEN UND DER FÖHRE SAGT.**

## ICH WERDE GEHÖRT WERDEN.

Bevor der Hirschkäfer seine Garderobe verlässt, bindet er sich noch einmal alle sechs Schuhbänder mit einem doppelten Knoten. Er holt tief Luft und sagt zu sich selbst:

„Ich werde meinen rechtmäßigen Platz auf der Bühne einnehmen und ich werde ich selbst sein. Ich habe keinen Grund, scheu zu sein. Ich werde erwidern, was ich fühle: Ob Kränkung oder Freude – ich werde es erwidern. Ich werde meinen Mund öffnen, ich werde mein Herz öffnen. Ich könnte alles haben, was die Welt zu bieten hat, aber was ich am meisten brauche und am meisten will, ist, mir treu zu bleiben. Ich werde Zurückweisung zulassen, Schmerz und Verbitterung, sogar Erniedrigung und Schande. Alles, was mir passiert, werde ich zulassen. Meine besten und wichtigsten Seiten sind die, die tief in mir sind und die ich vor der Welt stets geschützt halte. Ich werde mein Bestes geben, ich werde meine Stimme erheben, und ich werde gehört werden."

Schließlich setzt sich der Hirschkäfer seine Clownnase auf, klettert die schmale Wendeltreppe hinauf und auf ein Zeichen betritt er von links die Bühne.

## GLÜHWÜRMCHEN BRAUCHT JEDER MAL.

Die Seerose hat ein Blütenblatt verloren und weint. Also erzählt das Schilf eine kleine Geschichte. Angeblich ist sie wahr, was aber egal ist – denn die Geschichte soll lediglich ein bisschen ablenken.

*Eine kleine Kaulquappe, die die Sonne über alles geliebt hat, schickte einen Leserbrief an das Teichmagazin. Sie hat gefragt: „Warum geht die Sonne jeden Tag unter? Ich mag das nicht."*
*In der nächsten Ausgabe hat der Chefredakteur, ein alter Molch, geantwortet: „Die Sonne muss untergehen, damit sie am nächsten Tag wieder aufgehen kann. Und damit man sie dazwischen nicht so stark vermisst, wurden Glühwürmchen erfunden, die einen ein bisschen trösten."*

OTTERFILM.

Es ist früher Morgen und kalt. Nebelschwaden liegen über einem endlosen Stoppelfeld, das bis zum Horizont reicht. Der Himmel ist stahlblau. Ein sehr dunkles Stahlblau. Fast schon unwirklich dunkel. Die Kamera fährt in Kniehöhe mit hohem Tempo über das Feld. Sie rast auf einen Otter zu, der mitten im Feld steht und in die Ferne blickt. Ein paar Zentimeter vor seinem Gesicht bremst die Kamera ab und bleibt stehen. Der Otter blickt an der Kamera vorbei in die Ferne, sein Atem gefriert in der eisigen Luft. Mit leiser Stimme, als ob er es sich selber sagt, flüstert der Otter: „Das könnte ein gutes Jahr werden." Er nickt vorsichtig. „Ein gutes Jahr."

Der Otter geht nach links aus dem Bild, wir sehen nun wieder die endlose Weite des nebelschwaden-überzogenen Stoppelfeldes. Und obwohl der Otter nicht mehr zu sehen ist, hören wir seine Stimme ganz nahe an unserem Ohr flüstern: „Ein gutes Jahr für uns alle …"

Schnitt.

## NACHWORT.

Dieses Buch endet mit den Worten meines 82-jährigen Großvaters Bruno Schober.
Jene Worte, die er mir nach Durchsicht des Manuskripts per E-Mail hat zukommen lassen.
Ich widme sie mit Freude, Stolz und Respekt jedem einzelnen Leser dieses Buches: „*Du bist tief eingetaucht, um zu den Anemonen zu gelangen. In allen Himmelsrichtungen bist Du in die Welt geraten. Auswärts gewesen. Wieder heimwärts, hast Du die Reise durch Dich selbst gemacht. Und aus dem Inneren bringst Du einen Beginn von Neuem.*"

IMPRESSUM.

ISBN-13: 978-3-200-00821-2

2. Auflage 2007
© Tobias Federsel

Sämtliche Rechte der Verbreitung, Vervielfältigung oder Übersetzung –
in jeder Form und Technik – sind dem Autor vorbehalten.
Illustration und Bildrecherche: lümie
Gestaltung: Doris Schwarzmann
Autorenporträt: Peter Garmusch

www.absee.at